© 2018 Christine Engel
Umschlaggestaltung, Illustration,
Lektorat , Korrektorat:
Christine Engel

Verlag und Druck:
tredition GmbH, Halenreie 40-44, 22359 Hamburg

ISBN Taschenbuch: 978-3-7469-1472-5
ISBN Hardcover: 978-3-7469-1473-2
ISBN e-Book: 978-3-7469-1474-9

Das Werk, einschließlich seiner Teile, ist
urheberrechtlich geschützt. Jede Verwertung ist
ohne Zustimmung des Verlages und des Autors
unzulässig. Dies gilt insbesondere für die
elektronische oder sonstige Vervielfältigung,
Übersetzung, Verbreitung und öffentliche
Zugänglichmachung.

Bibliografische Information der Deutschen
Nationalbibliothek:
Die Deutsche Nationalbibliothek verzeichnet
diese Publikation in der Deutschen
Nationalbibliografie; detaillierte bibliografische
Daten sind im Internet über
<http://dnb.d-nb.de> abrufbar.

Katerradata
Christine Engel

Der Katerradata

macht gern Theater

Beim Spazierengehn
morgens früh um 10
da haben wir ihn gesehn

Sein Schwanz war in die
Höh gestreckt
er ging an uns vorbei
als ob er sauer sei
Katerradata

Rollt sich auf dem
Boden

wärmt sich in der Sonne

Markiert hier wirklich
jeden Stein

und kennt
alle Kinderlein
Katerradata

Rupft heraus ein
Böhnchen

leckt sich rein das
         Pfötchen
       Katerradata

Und am Nachmittag
so um 17 Uhr
da haben wir uns gewagt

den Katerradata
zum Streicheln
erweichen
Katerradata

Was ist das denn
für ein Tier

Das bleibt hier nicht
in meinem Revier
Katerradata

Und am nächsten Tag
wieder um 10 Uhr

von ihm keine Spur
Katerradata

Katerradata
Christine Engel

Die Ente Clania
Pauline & Christine Engel

Die Perlkaninchen am Waldsee
Christine Engel

„und die Wolfine und der Wolfram"!
Christine Engel

Der verlassene Wüstenwuchs
Christine Engel

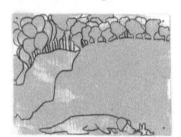

„kennste die Geierschildkröte"?!
Christine Engel

Allein zu sein
Christine Engel

Yoshi Zauberpelz
Christine Engel

Kittys vegan treasure

vegan
organic
sugarfree
selfmade
raw
basic
artistic

-personal vegan story
-10 days of „what my 3 year old daughter eats today in Germany"
-inspiring ideas
to protect yourself,
nature and animals

Kittys vegan treasure

vegan
biologisch
zuckerfrei
selbstgemacht
roh
basisch
künstlerisch

-persönliche vegane Geschichte
-10 Tage von „was meine 3
Jahre alte Tochter heute
isst in Deutschland"
-inspirierende Ideen um sich
selbst, die Natur und
Tiere zu schützen

Christine Engel
(*1987 in Rüsselsheim am Main)

Kunsterziehung, Kinderbuchautorin
& Illustratorin

Kindheit

Christine Engel kam am 22. Februar 1987 als drittes von drei Kindern eines Grafikdesigners zur Welt.
Ihre Mutter hielt sich hauptsächlich in vielfältiger Natur auf und redete mit ihr über Pflanzen und Tiere. Dies bildete bereits im Kleinkindalter die Grundlage für ihre frühe Leidenschaft zur Darstellung der sie umgebenden Natur in Bild, Text und Fotografie.

Christine Engel

(*22. Februar 1987, in Rüsselsheim)

Herbst Fotografie 2014
Christine Engel & Yoshi Chihuahua